Čudnovati ples
The wonder dance

Martina Omejec

Velika hvala malim i velikim savjetnicima:
Many thanks to:
Gordana Omejec
Antonia Burazer Iličić
Antonija Matić
Luna Dora Omejec

Dječak Leo zaželio se bake. Baka mu je umrla i otišla na nebo – tako barem kaže djed.

Leo se ponekad osjećao usamljeno. Mama i tata su radili po cijele dane pa je većinu vremena provodio s djedom i bakom. Još je uvijek imao djeda, ali nedostajali su mu bakini zagrljaji i poljupci. Primijetio je da nedostaju i djedu.

A boy named Leo was missing his Grandma. His Grandma died and went to heaven – at least that is what his Grandpa says. Leo sometimes felt lonely. His Mom and Dad worked all day long, so he would spend most of the time with his Grandma and Grandpa. He still had his Grandpa, but he was missing his Grandma's hugs and kisses. He noticed that Grandpa was missing them, too.

Razmišljajući o baki, hodao je po djedovoj radnoj sobi. Na jednoj od polica ugledao je knjigu tvrdih korica na čijoj je naslovnici bio crtež Indijanaca koji plešu.

Leo je čuo priče o Indijancima, njihovim plesovima kojima su prizivali kišu, dobar ulov, zdravlje… Pomislio je da bi i on mogao zaplesati neki ples i probati dozvati baku.

Thinking of his Grandma, he walked around his Grandpa's study. On one of the shelves, he noticed a hardcover book with a picture of Native Americans dancing on it.

Leo heard stories about Native Americans and about their dances which they did to call for rain, good hunting, health, and so on. He thought that he could also do a dance and try to call for his Grandma.

Ujutro se Leo rano probudio. U sekundi je bio na nogama. Brzo se obukao i istrčao u vrt. No nešto mu je nedostajalo. Sjetio se bakina mobitela. Djed ga je još uvijek držao u ladici svojeg radnog stola.

Leo je uzeo mobitel i stavio ga van, na dasku prozora. Upalio ga je onako kako mu je još baka pokazivala kad je želio igrati igrice. Našao je bakinu omiljenu glazbu, odličnu za ples.

Leo woke up early in the morning. In a matter of seconds, he was on his feet. He quickly put on his clothes and ran out into the garden. But he was missing something. He remembered his Grandma's mobile phone. Grandpa still kept it in his desk drawer.

Leo took the mobile phone and put it on the windowsill outside. He turned it on the way his Grandma used to show him when he wanted to play games. He found his Grandma's favorite music, which was great for the dance.

Uz taktove prve melodije počeo je plesati. Nije baš bio neki plesač, ali ni ples nijie izgledao zahtjevno. Trebao je samo skakati na mjestu, ruku opuštenih uz tijelo i ispuštati uzvike: „Aaaaa! Eeooo! Eeeee! Aaaaa!" Plesao je, osjećajući se sve lakšim i lakšim. Činilo mu se kao da su iz njega polako počeli izlaziti svi problemi i sva tuga. Bio je to divan osjećaj!

With the beats of the first melody, he began to dance. He wasn't much of a dancer, but dancing didn't seem very hard either. All he had to do was jump in place, with his arms relaxed next to his body, and let out sounds: "Aaaaa! Eeooo! Eeeee! Aaaaa!"
He danced, feeling lighter and lighter. It felt like all the problems and all the sadness slowly started to leave his body. It was a wonderful feeling!

Odlučio je plesati svako jutro. Svidjelo mu se započeti dan svojim tajnim plesom. Na početku je plesao samo kako bi prizvao baku. Ponekad ju je doista i vidio. Skakao bi i plesao zatvorenih očiju. Baka bi mu se smiješila, a on bi joj se milo smiješio natrag, onako kako je to znao raditi dok je još bila živa.

He decided to dance every morning. He liked starting the day with his secret dance. At first, he danced only to evoke his Grandma. Sometimes he would really see her. He would jump and dance with his eyes closed. Grandma would smile at him, and he would sweetly smile back at her, the way he did when she was still alive.

S vremenom je primijetio da se bolje osjeća kada otpleše svoj jutarnji ples. Baka mu nije toliko nedostajala, a svijet oko njega ponovno je bio obojan lijepim, toplim bojama. Leo se počeo više igrati sa svojim prijateljima. Hrana mu je bila nekako ukusnija. Njegov dom bio mu je miliji i ne tako pust bez bake.

I djed se počeo mijenjati. Bio je bolje volje. Zaigrao bi nogomet s njim poslijepodne ili bi zajedno pogledali neki obiteljski film. Djed više nije potajice plakao kada se na kraju filma obitelj grlila.

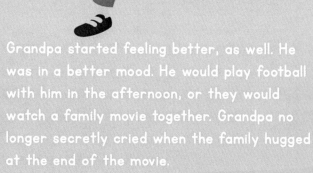

Over time, he noticed that he felt better when he did his morning dance. He didn't miss his Grandma as much, and the world around him got those nice, warm colors again. Leo started playing with his friends more. Even food tasted better somehow. He became fonder of his home, and it didn't seem so empty without his Grandma.

Grandpa started feeling better, as well. He was in a better mood. He would play football with him in the afternoon, or they would watch a family movie together. Grandpa no longer secretly cried when the family hugged at the end of the movie.

Susjedi su Lea znali radoznalo gledati kroz prozor. Pitali su ga što to radi svako jutro.
On bi im odgovarao: „Zaželio sam se bake. Kad plešem i zatvorim oči, ponovno je vidim i ne čini mi se toliko daleko. Sretan sam nakon plesa."
Neka djeca rugala su se njegovu jutarnjem plesu. No Leo je znao da je nakon plesa bolje volje. Dan bi mu prošao mirnije i sretnije.
Postojala su i djeca koja su bila spremna zaplesati kao Leo. I ona su htjela da im se ostvare želje.

Neighbors sometimes watched Leo through the window with curiosity. They asked him what he was doing every morning. He answered: "I miss my Grandma. When I dance and close my eyes, I see her again so who doesn't seem so far away. After the dance, I feel happy."

Some children mocked his morning dance. But Leo knew that he would be in a better mood after the dance. His day would be calmer and happier. There were also children willing to dance like Leo. And they wanted their wishes to come true, as well.

Filipova i Maksova želja

Filip, Leov prijatelj iz razreda, poželio je transformera za rođendan, a Maksu se nikako nije išlo u školu. Nije volio matematiku pa je zaželio zatvaranje škole barem na jedan dan. „Misliš li da se moja želja može ostvariti?" zanimalo je Maksa.

Philip's and Max's wishes

Philip, Leo's classmate, wished for a Transformers toy for his birthday. And Max didn't want to go to school. He didn't like math, so he wished for schools to be closed at least for a day. "Do you think my wish can come true?" Max wondered.

Leo nije točno znao na koji način njegov ples djeluje. On se zapravo time nije niti zamarao. Znao je da će njegovi prijatelji sigurno biti zadovoljniji i sretniji budu li plesali ujutro kao on.
Zato je svima odgovarao: „Ne znam, probaj. Sigurno ćeš biti zadovoljan. Čak i ako ne dobiješ ono što tražiš, dobit ćeš nešto još bolje."

Leo didn't know exactly how his dance worked. He didn't really bother with that. He knew that his friends would surely be more satisfied and happier if they danced in the morning as he did.
That's why he replied to everyone: "I don't know, try it. I'm sure you'll be happy. Even if you don't get what you wish for, you will get something better."

Tako je i bilo. Filip je za rođendan dobio igračku koju je zaželio, a s Maksom je u klupu sjela Tara. Tara je imala krasnu, dugu kosu, zvonki smijeh i bila je odlična u matematici. Maks je bio zadivljen Tarom i tako ju je pozorno slušao da mu je čak i matematika bolje krenula. Više nije želio ostati doma jer mu je u školi bilo mnogo ljepše.

And so it was. Philip got the toy he wanted for his birthday, while a new pupil named Tara sat next to Max in the classroom. Tara was a girl with gorgeous, long hair and ringing laughter, and she was excellent at math. Max was amazed by Tara and he listened to her so carefully that he even got better at math. He didn't want to stay at home anymore because he liked it better at school.

Klarina i Franova želja

Leova prijateljica Klara također se zainteresirala za njegov ples. Klarin pas Tango bio je bolestan. Počeo je manje jesti i nije mu se više dalo ići u šetnju. Kratko bi otišao u vrt i odmah bi se vratio. Klara je bila tužna jer se prije puno igrala s Tangom. Sada Tango više nije bio raspoložen za igru. Klara je odlučila početi plesati. Htjela je vidjeti može li pomoći Tangu. Već prvog dana kad se pridružila Leu u vrtu, Tango je došao za njom. Sjeo je blizu nje i mirno čekao da Klara završi plesati. Za Klaru je to bio znak da Tango želi ozdraviti.

Clara's and Fran's wishes

Leo's friend Clara also got interested in his dance. Clara's dog Tango was sick. He began to eat less and was no longer in the mood for walks. He would just go out into the garden for a short time and go back in right away. Clara was sad because she used to play with Tango a lot. Now Tango was not in the mood to play anymore. Clara decided to do the dance. She wanted to see if she could help Tango. Already on the first day when she joined Leo in his garden, Tango followed her there. He sat close to her and calmly waited for Clara to finish dancing. For Clara, it was a good sign, a sign that Tango wanted to get better.

Tri dana poslije Klari se pridružio i njezin mlađi brat Fran. Fran je čitao da su Indijanci plesom liječili ljude. Oni su vjerovali da čovjek može biti zdrav samo ako su njegov duh i tijelo zdravi i u ravnoteži s prirodom. Franov tata rekao je da sve u prirodi ima energiju i vibrira, i da su svi ljudi vibracijska bića.

Three days later, Clara's younger brother Fran joined her. Fran read that the Native Americans used dances to heal people. They believed that a person is healthy only if their mind and body are healthy and in balance with the energy of the Earth. Fran's dad says that everything on Earth has energy and vibrates and that all humans are vibrational beings.

Fran baš nije razumio što to točno znači. No u njegovu vrtiću jedan je dječak imao vibrirajući jastučić. Sva su djeca voljela grliti taj jastučić. Tada su osjećala da im se tijelom šire toplina i ugodne vibracije. Bio je to tako dobar osjećaj. Fran je zaključio da ljudsko tijelo svakako treba dobre vibracije, a činilo mu se da ih plesom može i sam proizvesti.

Fran didn't quite understand what that meant exactly. But in his kindergarten, one boy had a vibrating cushion. All the children loved hugging that cushion. They felt the warmth and pleasant vibrations spreading through their bodies. It was such a good feeling.
Fran concluded that the human body definitely needed good vibrations, and it seemed to him that he could make them by dancing.

Malo po malo, i pas Tango sve im se češće priključivao u jutarnjem plesu. Dobio je apetit i počeo bolje jesti te se opet upuštao u nestašnu igru s Klarom i Franom.

Little by little, the dog Tango started joining them more often in the morning dance. His appetite returned, and he started eating better. He got playful with Clara and Fran again.

Lilina želja

U susjedstvo preko puta Leove kuće doselila se Lila. Lila je uvijek pričala o očuvanju Zemlje. **Njezina mama bila je ekologinja.** Vozila je električni auto i nije upotrebljavala plastiku, a Lili je rijetko kupovala plastične igračke. No Lila se nije bunila. Znala je da će se Zemlja ugušiti od silne plastike i ispušnih plinova.

Lila's wish

A girl named Lila moved to the neighborhood, into a house across from Leo's. Lila always talked about the preservation of the Earth. Her mum was an ecologist. She had an electric car and did not use plastic, and she rarely bought plastic toys for Lila. But Lila didn't complain. She knew that the Earth would suffocate from all that plastic and exhaust fumes.

U subotu ujutro Lila je pogledala kroz prozor. Htjela je vidjeti kakvo je vrijeme vani. Bilo je oblačno i sipila je kišica. Pomislila je kako i nije neko vrijeme za igru u prirodi kad je ugledala djecu u susjedovu vrtu. Djeca su skakutala i plesala na mjestu. Neki su imali otvorene oči, neki zatvorene, ali svi su imali velike osmijehe na licu. Nije im smetala kišica. Bili su obučeni u gumene čizmice i kabanice svih boja i izgledali su kao vesela dječja duga na travnjaku.

On Saturday morning, Lila looked out the window. She wanted to see what the weather was like outside. It was cloudy and rainy. She thought it was not a good time for playing outside when she noticed the children in the neighbor's garden. The children were jumping and dancing on the spot. Some of them had their eyes open, some closed, but all of them had big smiles on their faces. They didn't mind the rain. They were dressed in rubber boots and raincoats of all colors, which made them look like a cheerful rainbow on the lawn.

Lila je brzo obukla svoju žutu kabanicu i tamnoplave čizmice te istrčala na travnjak. Tu je srela Lea.
„Bok!" rekla je Lila nimalo sramežljivo. „Što rade ona djeca tamo?"
„To su moji prijatelji. Plesom dozivaju ostvarenje svojih želja", odvratio joj je Leo.
Liline oči raširile su se od iznenađenja. „Ostvarenje želja?" ponovila je. „I, ispune li im se uvijek želje?"
„Ponekad se ispune", odgovorio je Leo veselo. „A ponekad dobiju i mnogo više od onog što su poželjeli. Znaš, često ni sami ne znamo što zaista želimo i moj nas tajni ples iznenadi."
„Kako je to moguće?" zainteresirala se Lila.
„Pa, mislim da je stvar u stanju u kojem se nalazimo kad plešemo", započeo je Leo. „Tada smo sretni i opušteni i na taj način lakše privlačimo dobre događaje."

Lila quickly put on her yellow raincoat and dark blue boots and ran out onto the lawn. There she met Leo.
"Hello!" she said with confidence. "What are those children doing?"
"They are my friends. They are dancing to call for their wishes to come true," Leo replied.
Lila's eyes widened in surprise. "Wishes come true?" she repeated. "And do their wishes always come true?"
"Sometimes they do," Leo replied happily. "And sometimes you get even more than you wished for. You know, we often don't know what we really want and my secret dance can surprise us."
"How is that possible?" asked Lila becoming even more interested.
"Well, I think it has to do with the way we feel when we dance," Leo said. "We feel happy and relaxed and then we can easily call for good things to happen."

Lila više nije pratila što Leo govori. To joj se već učinilo pomalo filozofskim odgovorom, a i točno je znala što ona želi. Želi da se Zemlja oslobodi svih otrovnih tvari kojima je ljudi zagađuju. Odlučila je pridružiti se djeci koja su veselo skakala i plesala i vidjeti što će se dogoditi.

Lila no longer listened to what Leo was saying. It seemed like a bit of a philosophical answer, and besides, she knew exactly what she wanted. She wished for the Earth to get rid of all the toxic stuff people pollute it with. She decided to join the children, who were jumping and dancing happily, and see what would happen.

S vremenom je sve više djece plesalo sa željom da očuvaju svoj planet, Zemlju. Lila im je objasnila da je jako važno čuvati Zemlju na kojoj žive jer nemaju kamo otići ako je unište. Malo po malo, djeca iz susjedstva sve su više pazila što upotrebljavaju i kako se ponašaju prema svojem planetu. Vozila su se biciklima u školu da njihovi auti ne zagađuju zrak, pila su iz papirnatih čaša jer plastične se teško razgrađuju. Počela su paziti gdje bacaju papir, plastiku i staklo. I tada je Lila shvatila što joj je Fran govorio. Plesom se Zemlja nije sama očistila, ali su djeca shvatila koliko je važno paziti na Zemlju dok je još imaju.
Pravilan odnos prema očuvanju Zemlje širio se uz **dobre vibracije plesa djece cijelog svijeta.**

Over time, more and more children danced with the wish to save their planet, Earth. Lila explained to them that it is very important to take care of the planet they live on because they have nowhere else to go if they destroy it. Little by little, the children from the neighborhood became more careful about what they use and how they treat their planet. They went to school by bikes so that their family cars wouldn't pollute the air, they drank from paper cups because the plastic ones do not decompose so easily. They started paying attention to where they threw paper, plastic, and glass. It was then that Lila understood what Fran was telling her. With the dance, the Earth did not get rid of pollution, but the children realized how important it is to take care of the Earth while they still have it. The right attitude towards the protection of the Earth spread with the good dance vibrations of children all over the world.

Leo, dječak koji je ples i započeo, povjerio je djedu da mu baka još uvijek ponekad nedostaje i da će zauvijek biti nezamjenjiva. No sada se bake mogao sjećati bez tuge jer je uz svoj ples uvijek bio dobre volje. Na kraju školske godine za svoju ideju o širenju sretnih misli i želja plesom dobio je i posebno priznanje ravnatelja škole. Pri preuzimanju priznanja zahvalio je svim prijateljima koji su ga podržali u plesu i plesali s njim.

Leo, the boy who started the dance, told his Grandpa that he still misses his Grandma sometimes and that she will always be irreplaceable. But now he could think of his Grandma without becoming sad again because he was always in a good mood after the dance. At the end of the school year, he received special recognition from the school principal for his idea of spreading happy thoughts and wishes through dance. When he was receiving the award, he thanked all the friends who supported him in the dance and danced with him.

Kako se pleše ples za dozivanje dobre
energije i ostvarenja želja?

1. Izaberi omiljenu glazbu na koju voliš plesati.
2. Izađi van na travnjak i okreni se prema suncu.
3. Opusti ruke, tijelo i vrat i počni skakati na mjestu.
4. Sjeti se svoje želje. Budi sretan/sretna i veseo/vesela.
5. Ne razmišljaj, samo uživaj u plesu.

I sigurno će ti se dogoditi nešto čarobno i posebno. :)

How to do the dance which calls for good energy and
makes wishes come true?

1. Choose your favorite music you like to dance to.
2. Go outside onto the lawn and face the sun.
3. Relax your arms, body, and neck, and start jumping on the spot.
4. Remember your wish. Be happy and cheerful.
5. Don't think, just enjoy the dance.

And something magical and special will happen for sure. :)

impressum

Autorica i urednica
Author and Editor
Martina Omejec

Lektura
Proofreading
Jelena Celcer
Ana Mladina Puljak

Grafičko oblikovanje
Graphic Design
Branka Moskaljov

Ilustracija
Illustration
FREEPIK

Zagreb, Studeni 2020.
Zagreb, November 2020